19 avril 1899

11 P

ATELIER

CH. COURTRY

ARTISTE GRAVEUR

Estampes Anciennes et Modernes

LIVRES ET CATALOGUES ILLUSTRÉS

MEUBLES D'ART, OBJETS D'ATELIER

Vente du Mercredi 19 Avril 1899

Mr Maurice DELESTRE	M. L. DUMONT
COMMISSAIRE-PRISEUR	EXPERT, MARCHAND D'ESTAMPES
Rue Saint-Georges, 5	*Rue Laffitte, 27*

PARIS — 1899

IMPRIMERIE MAULDE ET RENOU

MAULDE, DOUMENC & Cie

IMPRIMEURS DE LA COMPAGNIE DES COMMISSAIRES-PRISEURS

Rue de Rivoli, 144

ATELIER CH. COURTRY

Artiste Graveur

ESTAMPES ANCIENNES

LITHOGRAPHIES

EAUX-FORTES MODERNES

De divers Artistes

ŒUVRES DE CH. COURTRY

LIVRES A FIGURES, CATALOGUES ILLUSTRÉS

MEUBLES D'ART ET OBJETS D'ATELIER

DONT LA VENTE AUX ENCHÈRES PUBLIQUES AURA LIEU

HOTEL DES COMMISSAIRES-PRISEURS

RUE DROUOT, N° 9, SALLE N° 8

Le Mercredi 19 Avril 1899

A DEUX HEURES PRÉCISES

Par le ministère de **Mᵉ Maurice DELESTRE**, Commissaire-Priseur
rue Saint-Georges, 5

Assisté de **M. L. DUMONT**, Expert, Marchand d'Estampes
rue Laffitte, 27

PARIS — 1899

CONDITIONS DE LA VENTE

Elle sera faite au comptant.

Les Acquéreurs paieront CINQ POUR CENT en sus des enchères.

L'Ordre du Catalogue sera suivi.

M. L. DUMONT *se charge des commissions des personnes qui ne pourraient assister à la vente.*

MAULDE, DOUMENC et Cie, imprimeurs de la Compagnie des Commissaires-Priseurs, rue de Rivoli, 144. 600—80676

DÉSIGNATION

LIVRES A VIGNETTES, CATALOGUES ILLUSTRÉS

1. **Adam** (Mme). La Chanson des nouveaux Époux. *Paris, Conquet*, 1887.

2. **Album** de la Tombola du Salon. *Paris*, 1885.

3. **André** (Georges). Lettres et Journaux de voyages, *Martinet*, 1876.

4. **Balzac** (H. de). Les Contes drôlatiques. Illustrations de G. Doré.

5. **Baudelaire.** Les Épaves. 1866.

6. **Bernardin de Saint-Pierre.** Paul et Virginie. 1838.

7. **Boileau-Despréaux** (Œuvres de). *Paris, Hachette.*

8. **Bouvenne** (Aglaüs). L'Œuvre de Lemud.

9. **COLLECTION LEMERRE.**

    La Bruyère. Caractères, 2 vol.

    La Fontaine. Contes.

    — Fables.

    Millien (Achille). Poésies, 2 vol.

    Molière. Œuvres. 1 vol.

    Montaigne. Essais. 2 vol.

    Pascal (Blaise). Pensées. 1 vol.

    Rabelais. Œuvres. 1 vol.

    Shakspeare. Œuvres. 17 vol.

10. **Delavigne** (Germain). Pablo de Ségovie. Illustrations de VIERGE, 1882.

11. **Épinay** (Mme d'). Mémoires et Correspondance, 3 vol. 1818.

12. **Gaucherel** (L.). Excursion en Italie. 1873.

13. **Giacomelli**. Raffet. Son œuvre lithographique. *Paris*, 1862.

14. **Glatigny** (Albert). Jour de l'An d'un vagabond. *Paris, Lemerre*, 1870.

15. **Grandville.** Les Animaux peints par eux-mêmes.

16. **Le Sage.** Gil Blas de Santillane. Illustrations de MEISSONIER, 1846.

17. **Lièvre** (Ed.). Musée Universel. *Paris, Goupil*, 1868.

18. **Les Graveurs français** au XVIIIe siècle. *Baudoin, Chardin, Lancret, Lavreince*. Éd. des Bibliophiles.

19. **Sonnets et Eaux-Fortes.** *Éd. Lemerre.*

20. **Livre d'or** du Salon de Peinture et de Sculpture. Années 1879, 1880, 1881, 1885, 1887, 1888, 1891.

21. **Massaloff** (A. de). Les Rembrandt de l'Ermitage. Quarante gravures à l'eau-forte.

22. **Meissonier.** Catalogue des œuvres, *Petit*, 1893.

23. **Menzel.** La vie du grand Frédéric. Texte et gravures.

24. **Millevoye.** Œuvres. *Bruxelles*. 1837.

25. **Murger** (H.). La Vie de Bohème. Dix eaux-fortes par Ch. COURTRY, d'après MONTADER.

26. **Nadaud** (Gustave). Chansons légères, 1885.

27. **Prévost** (Abbé). Manon Lescaut. *Ed. Glady.*

28. **Régnier** (Œuvres de Mathurin). *Jannet,* 1867.

29. d° d° d° *Ed. Lemerre.*

30. **Renan** (E.). La Vie de Jésus-Christ. Illustrations de Godefroid Durand.

31. **Richepin** (Jean). L'Inutile.

32. **Société des Aquafortistes.** 1886 et 1887. *Baschet.*

33. **Verlaine** (Paul). Chansons pour elle.

34. **Veuillot** (Eug.). Imitation de Jésus-Christ. *Glady frères,* 1876.

35. **Vigeant.** Un Maître d'armes sous la Restauration. *Paris, Motteroz,* 1883.

36. **Poésies** par Paul Courtry. — Manet, par Edmond Bazire. — Les chants de Maldoror, 1890. Chenonceaux. — Vie et Aventures de Scaramouche. — Jehan de Paris, Montaiglon. Poil et plume, *Dentu,* 1891. — Ronces et Gratte-culs, 1884. — Les Baisers, par E. d'Hervilly. — Costumes civils et militaires. *De Bruyn, Anvers,* 1872.

Catalogues : L'Œuvre de Boulard, par Maillard, *Boulet-Fleury.* — Le Livre des Bibliophiles, *Lemerre.* — Journal l'*Art.* 110 numéros. Texte et gravures. — Société des Aquarellistes, 1880 à 1882, 1884, 1885, 1888.

37. **Catalogues de ventes de tableaux,** illustrés d'eaux-fortes ou de planches hors texte :

Collection de M. Pereire. Mars 1872. 50 planches.

Collection Sedelmeyer. Décembre 1872. 54 planches.

Collection Laurent-Richard. Avril 1873, 48 planches.

Collection F. Papin. 1873.

Collection du Chevalier A. de Knyff. Avril 1876, 5 planches.

Collection Schneider. Avril 1876. 23 planches.

Collection Camille Marcille. Mai 1876. 8 planches.

Collection Jacobson. 1876. 20 planches.

Collection de Mme B... 1877.

~~Collection Paul Huet. Avril 1878. 8 planches.~~

Collection Laurent-Richard. Mai 1878. 48 planches.

Collection Mahérault. Mai 1880. 9 planches.

Collection du Baron de Beurnonville. Mai 1881. 55 planches.

Collection de Mme S... 1881.

Collection du Baron de B... 1883.

Collection Thiers. 1884.

Collection du Baron d'Ivry. 1884.

Collection Aug. G... 1886.

Collection Defer. 1886.

Collection Goldsmith. 1888.

Collection Perkins. 1889.

Atelier Guillaumet.

Collection Sellière. 1889. 9 planches.

Collection Van Walchren.

Collection John W. Wilson. 1873. 3e édition. 68 planches.

38 — Sous ce numéro il sera vendu un fort lot de Romans et Ouvrages modernes.

ESTAMPES

ÉCOLE ANCIENNE

39. **Portraits.** Charles d'Hozier, par Edelinck. — Cardinal Dubois, — Chardin, — Franklin. 7 pièces.

40. **École du XVIIIe siècle.** Conversation galante. — Camp volant, par Watteau. — Sujets divers, d'après de Troy, Aubert, etc. 12 pièces. — Les Bacchanales de Fragonard, 3 pièces. — Bacchus, par Ribera. Ens. 17 pièces.

41. **Vignettes,** d'après Moreau le Jeune, Boucher, Prud'hon, etc. 60 pièces.

42. **Piranesi.** Recueil de monuments de Rome. 32 planches.

43. **Amand-Durand.** Héliogravures, d'après les maîtres anciens. 36 pièces.

44. **Tiépolo, Canaletti.** Sujets divers. 19 pièces.

45. Sous ce numéro, il sera vendu un lot de Gravures anciennes de 230 pièces.

EAUX-FORTES ORIGINALES

ET

D'APRÈS LES MAITRES ANCIENS & MODERNES

Portraits, Vignettes, Sujets de genre, Paysages

En Épreuves d'artiste et d'état

---

46. **Alasonnière, Ardail, Boilot, Boulian,** etc. 14 pièces.

47. **Bichard** (Géry). Portraits, Vignettes, 12 pièces.

48. **Champollion, Chauvel.** 5 pièces.

49. **Didier, Calamatta.** Portraits, Sujets divers. 7 pièces.

50. **Faivre** (Cl.). Vignettes, Portraits. 6 pièces.

51. **Flameng** (Léop.). Portraits, Sujets divers. 28 pièces.

52. **Gaujean, Gilbert, Lalauze.** Portraits et Sujets divers. 12 pièces.

53. **Gaillard, Gérome.** Sujets. 4 pièces.

54. **Hédouin** (Edm.). Portraits, Vignettes, Sujets divers. 22 pièces.

55. **Lefort** (H.). Portraits, Vignettes, Divers. 12 pièces.

56. **Le Rat.** Portraits et Divers. 22 pièces.

57. **Martinez, Milius, Mongin.** Sujets divers. 10 pièces.

58. **Meissonier** (D'après). Sujets divers. 8 pièces.

59. **Méryon** (Ch.). La rue des Toiles, à Bourges.

60. **Payrau, Mercier.** Portraits. 7 pièces.

61. **Rajon, Waltner.** Portraits et Sujets. 15 pièces.

62. **Somm, Boutet.** Sujets. 6 pièces.

63. **Publications Cadart.** Eaux-fortes, par BRACQUEMOND, DAUBIGNY, JACQUEMART, RIBOT, etc. 16 pièces.

64. — Eaux-fortes, par divers. 18 pièces.

65. — Eaux-fortes, par LANÇON, ROYBET, LALANNE, etc. 16 pièces.

66. **Vues et Paysages,** par divers. 29 pièces.

67. — par GAUCHEREL. 28 pièces.

68. — par MARTIAL, BRUNET-DEBAISNE. 27 pièces.

69. **Sujets divers.** Paysages. 26 pièces.

70. **Sujets de genre et Portraits,** par divers. 20 pièces.

71. **Portraits,** par divers. 14 pièces.

72. **Ornements,** par divers. 25 pièces.

73. **Lithographies,** par VERNIER, DE LEMUD, etc. 30 pièces.

74. **Eaux-fortes originales,** par HUET, HERVIER, DECAMPS, GOYA. 23 pièces.

75. **Vignettes,** par JOHANNOT. 15 pièces.

76. — par BOILOT, MONGIN, LEFORT, MÜLLER, pour illustrations d'ouvrages modernes. 32 pièces.

ŒUVRES DE COURTRY

EAUX-FORTES

D'APRÈS LES MAITRES ANCIENS & MODERNES

En Épreuves d'artiste et d'état

77. Portrait de femme, d'après Sargent. 4 pièces
78. Pâturage, d'après Troyon. 3 pièces.
79. La petite Grand'Mère. 2 pièces.
80. Le Vaccin du croup, d'après Brouillet. 10 pièces
81. Le Joueur de flûte, d'après Cuyp. 10 pièces.
82. Sortie de Forêt, d'après Troyon. 5 pièces.
83. Les Funérailles de Marceau, d'après J.-P. Laurens. 6 pièces.
84. Gervatius, d'après Van Dyck. 2 pièces.
85. Salomé, d'après Stévens. 8 pièces
86. Entrez, Monseigneur, d'après Aranda. 6 pièces.
87. La Visite au Bébé, d'après Munkacsy. 22 pièces.
88. L'Almée, d'après Gérôme. 5 pièces.
89. Le Harnais, d'après John-Lewis Brown. 12 pièces.

90. Les Chercheurs de truffes, d'après VAYSON. 16 pièces.

91. Hallali, d'après TAVERNIER. 8 pièces.

92. Intérieur normand, d'après LHERMITTE. 7 pièces.

93. Orphée, d'après Gustave MOREAU. 5 pièces.

94. Portrait de Femme, d'après FRANS-HALS. 5 pièces.

95. Intérieur marocain, d'après GUILLAUMET, 8 pièces.

96. L'Angelus, d'après MILLET. 5 pièces.

97. La Fille du Passeur, d'après ADAN. 9 pièces.

98. Campement arabe, d'après FROMENTIN. 16 pièces.

99. Pâturage, d'après Van MARCKE. 3 pièces.

100. La Servante, d'après CHARDIN. 10 pièces.

101. La Partie de cartes, d'après PIETER DE HOOCH. 13 pièces.

102. Le Bain maure, d'après GÉRÔME. 28 pièces.

103. Les Sœurs Waldegrave, d'après REYNOLDS. 11 pièces.

104. Les Vieilles Femmes de la place Navone, d'après ROBERT-FLEURY. 5 pièces.

105. Marguerite aux remparts, d'après TISSOT. 8 pièces.

106. Alcibiade chez Aspasie, d'après GÉRÔME. 9 pièces.

107. Mlle Guimard, d'après FRAGONARD. 4 pièces.

108. **Bida** (D'après). Sujets de la Bible. 70 pièces.

109. **Meissonier** (D'après). Son Portrait. — Les Amateurs d'estampes. — Le Maréchal de Saxe. — Cavalier Louis XIII. — Le Graveur à l'eau-forte. — 1814. — Les Frères Van de Velde, etc. 45 pièces.

110. **Ornements.** Statuettes, Objets d'art, Meubles, Bijoux, Vases, Cassolettes, etc., provenant de collections célèbres : musée E. Lièvre, collection du duc de Luynes, de M. Thiers. etc. 282 pièces.

111. **Portraits.** Docteur Broca, Duban, Chardin, Maîtres et Amateurs d'escrime, Célébrités contemporaines, Portraits de Femmes, Mlle Guimard, Mme Dubarry, etc. 370 pièces.

112. **Vignettes.** Victor Hugo (Edition nationale). — L'Abbé Tigrane. — Mlle de Maupin. — L'Escrime. — La Vie de Bohème. — Manon Lescaut. — Molière. — Œuvres d'André Chénier, etc. Environ 1,250 pièces.

113. **Eaux-Fortes pour catalogues** d'après les maîtres anciens et modernes : Portraits, Sujets de genre, Marines, Paysages en épreuves d'artiste et d'état. 300 pièces.

114. — Sujets divers en épreuves d'artiste et d'état. 300 pièces.

115. **Eaux-Fortes** pour publications diverses. — Journal l'*Art*. — Gazette des Beaux-Arts. — Album de la tombola du Salon. Musée Lièvre, d'après les maîtres anciens et modernes, en épreuves d'artiste et d'état. 800 pièces.

116. **Eaux-Fortes originales.** Souvenir du XVIIIe siècle. — Jeux d'Enfants. — Bacchanales. — Molière chez le barbier de Pézenas. — Menus, Croquis, en épreuves d'artiste. 70 pièces.

117. Dessins pour illustrations. 7 pièces.

GRAVURES ENCADRÉES

118. **Bracquemond**. Erasme, d'après HOLBEIN. Épreuve d'artiste.

119. **Courtry** (Ch.). En reconnaissance, d'après MEISSONIER. Épreuve d'artiste.

120. — Le Bonnet de la grand'mère. Épreuve d'artiste.

121. — Hélène Forman, d'après RUBENS. Épreuve d'artiste.

122. — Les Amateurs d'estampes. — Le général Desaix, d'après MEISSONIER. — Les Fileuses, d'après GUILLAUMET. — La Famille d'Holbein. — Scène tragique, d'après MAIGNAN, etc. Six gravures dans un même cadre. Épreuves d'artiste.

123. — L'Écolier, d'après BONVIN. — Rue d'Alger, d'après FROMENTIN. — Cavalier altéré, d'après MENZEL. — Femme au bain, d'après HENNER. — La Toilette, d'après LELOIR. Six gravures dans un même cadre. Épreuves d'artiste.

124. — Le Vaccin du croup à l'Hôpital Trousseau, d'après BROUILLET. Épreuve d'artiste.

125. **Didier.** Jeanne de Clèves. Épreuve d'artiste.

126. **Haussoullier.** L'Almée, d'après INGRES. Épreuve d'artiste.

127. **Tiépolo.** Plafond.

MEUBLES ET OBJETS D'ATELIER

128. Fauteuil Louis XIV.

129. Deux Fauteuils Louis XV.

130. Fauteuil Louis XVI.

131. Meuble à deux corps en bois sculpté.

132. Coffret en bois sculpté.

133. Table arabe avec plateau cuivre ciselé.

134. Table de graveur.

135. Deux Tables. — Chaise.

136. Trois Tapis.

137. Outils de graveur. — Chevalets, etc.

138. Parasol, Chevalet de campagne, matériel de peintre.

139. **Faïences**. Vases, Encrier, Chandelier, Poteries kabyles.

140. Sous ce numéro, seront vendus les objets non catalogués : Mannequin, Plâtres d'études, Photographies, etc., etc.

IMPRIMERIE MAULDE, DOUMENC ET Cie
RUE DE RIVOLI, 144 — PARIS

www.ingramcontent.com/pod-product-compliance
Lightning Source LLC
LaVergne TN
LVHW012017170826
845678LV00004BA/1531

9782329633428